Tout spécialement pour mes deux Anita, avec amour.
M. C. B.

Pour ma nièce, Stephanie Bahrani.
T. M.

Loi 49.956 du 16 juillet 1949 sur les publications destinées à la jeunesse.
LTP/1800/1156/0615.
Dépôt légal : 4e trimestre 2015.
ISBN : 978-2-7459-7604-8.
Imprimé en Chine.

Petit Hérisson, sauveteur des neiges !

M. Christina Butler • Tina Macnaughton

Adaptation française de Mim

MILAN

« Par mes piquants ! s'écrie Petit Hérisson en poussant désespérément sa porte. Il a neigé toute la nuit, et maintenant ma maison est bloquée ! Comment vais-je réussir à sortir de là ? »

En se tortillant,
Petit Hérisson parvient
à se faufiler par la fenêtre,
et,

ploutch,

il tombe dans
un énorme tas
de neige !

« Pfff, soupire-t-il, je n'ai
jamais vu autant de neige ! »

Une fois l'entrée dégagée, Petit Hérisson peut se reposer un moment.

« Houla ! pense-t-il soudain. J'espère que maman Mulot n'est pas coincée, elle aussi. Je ferais mieux d'aller vérifier si tout va bien… »

Petit Hérisson se met prudemment
en chemin pour aller retrouver maman
Mulot. Mais la neige est bien
épaisse pour un petit hérisson…
Le voilà qui bascule tout
d'un coup au fond
d'un trou !

« Ooooooh ! »

Petit Hérisson fait tout
ce qu'il peut pour sortir
du trou, mais il glisse
et dérape. Et, chaque fois,
il atterrit sur les fesses...

Boum !

« Oh non ! gémit-il.
Comment vais-je faire ? »
Heureusement, il a une
bonne idée...

Petit Hérisson accroche son
bonnet au bout d'un bâton
et l'agite comme un drapeau !

« Mais qu'est-ce que c'est que ça ? s'exclame Lapin Coquin en passant non loin de là. Hé, j'ai déjà vu ce bonnet quelque part ! »

« Petit Hérisson ! appelle-t-il. Que fais-tu au fond de ce trou ? »
Une toute petite voix lui répond :
« Je suis coincé, Lapin Coquin !
Peux-tu m'aider à sortir ? »

« Oh hisse ! »
Lapin Coquin tire Petit Hérisson
hors du trou !

« J'étais en route pour aller voir maman Mulot
et sa famille, explique Petit Hérisson.
– Je vais t'accompagner », propose Lapin Coquin.
Et voilà les deux amis partis, clopin-clopant,
dans la neige épaisse. Que c'est fatigant !
Les flocons les enveloppent en tourbillonnant.

Ils marchent un long moment, jusqu'à ce qu'ils croisent des traces dans la neige.
« Hum, dit Lapin Coquin en caressant ses moustaches pensivement. On dirait des empreintes de lapin…
– Et là celles d'un hérisson ! constate Petit Hérisson. Dis donc, Lapin Coquin, tu crois que ces traces pourraient être… les nôtres ?
– Si c'est le cas, répond Lapin Coquin, nous sommes bel et bien perdus ! »

Les deux amis se serrent l'un contre l'autre en tremblant. Autour d'eux, le vent froid siffle à travers les sapins, et la neige tombe de plus belle.

Une grosse voix les fait soudain sursauter.
« Mais que faites-vous dehors par ce temps ? »
Ouf, c'est Filou le renard !
« On cherche la maison de la famille Mulot, commence Petit Hérisson.
– Et on est perdus ! poursuit Lapin Coquin.
– Suivez-moi, je vais vous montrer le chemin », annonce Filou.
Et tous les trois prennent la direction de la rivière.

Tout à coup, la croûte de neige s'effrite
sous leurs pattes !

« Au secours ! », s'écrient-ils en
s'accrochant aux herbes sur la berge
pour ne pas tomber dans l'eau glacée.
« Oh non, pleurniche Petit Hérisson,
j'ai perdu mon bonnet ! »

Rapide comme l'éclair, Théo le blaireau surgit pour les sauver. Un par un, il attrape ses amis et les dépose en sécurité sur le chemin.

« Je me suis douté que tu avais des ennuis, explique-t-il à Petit Hérisson. J'ai récupéré ton bonnet, qui flottait sur l'eau.

– Merci ! se réjouit
Petit Hérisson. Je croyais
l'avoir perdu pour de bon ! »

Les quatre amis ne mettent pas longtemps à retrouver la maison de la famille Mulot. Mais, une fois arrivés, il leur faut déneiger la porte. Quel travail !

« Je suis tellement heureuse de vous voir ! s'écrie maman Mulot en réussissant enfin à ouvrir. Merci, les amis !

– Eh bien, plaisante Théo, je crois que j'ai vu assez de neige pour toute ma vie ! Allez, je vous invite chez moi à dîner ! »

« Regarde comme la famille Mulot est bien au chaud dans ton bonnet », remarque Théo, attendri. « Que ferait-on sans lui ?

– Et que ferait-on sans ses amis ! », s'exclame Petit Hérisson, ravi. Marchant d'un même pas vers la maison de Théo, les amis discutent gaiement. Leurs rires résonnent sous la lumière argentée de la lune. Ah, vraiment… quelle journée !